www.ingramcontent.com/pod-product-compliance
Lightning Source LLC
Chambersburg PA
CBHW071251070526
44583CB00017B/2428
* 9 7 8 1 9 5 4 0 1 5 0 2 9 *